Charles BELLAN

Ancien Résident de France en Indochine

VÉRITÉ !

Faux ...

Tortures ...

Assassinats ...

impunis en Indochine (affaire Baudoin, etc.)

PRIX : **0 fr. 50**

« À certains moments, se taire serait trahir. »

Dr Pannetier.
Au Cœur du Pays Khmer (Payot, éd., Paris.)

A Messieurs

Gaston DOUMERGUE, Président de la République ;
Édouard HERRIOT, Président du Conseil des Ministres ;
René RENOULT, Garde des Sceaux ;
DALADIER, Ministre des Colonies ;
les Ministres et Sous-Secrétaires d'État, Membres du Gouvernement ;
les Président et Membres du Sénat ;
les Président et Membres de la Chambre des Députés ;
les Membres de la Presse ;
les Président et Membres de la Ligue des Droits de l'Homme et du Citoyen ;
à tous les Citoyens constituant l'ensemble du Peuple Français « qualifié pour nous juger », selon les termes mêmes employés par le Président du Conseil des Ministres, et au nom de qui interviennent toutes décisions de Justice.

Des crimes odieux commis en Indochine restent impunis, couverts par l'Administration, paralysant la Justice. Il est indispensable, pour le bon renom de la France, que cette situation prenne fin, et que la vérité soit établie. C'est pourquoi les quelques documents qui suivent sont soumis au jugement de l'Opinion Publique.

Rien ne dure que la vérité.
VAUVENARGUES.

Paris, le 14 juin 1924.

M. Charles Bellan, administrateur des Services civils de l'Indochine, ancien Résident de France au Cambodge, à Messieurs les Président et Membres de la Chambre des députés, Paris.

MESSIEURS,

Par voie de pétition, et comme suite au mémoire, dont ci-joint copie, qui a été adressé à la Chambre des députés le 13 septembre 1923, appuyé d'un dossier de 175 pièces, en vue d'obtenir justice, j'ai l'honneur, dans le même but, de vous saisir des faits suivants :

Depuis trois ans, en juin 1921, j'ai déposé des plaintes, avec constitution de partie civile, contre M. Baudoin, alors résident supérieur au Cambodge, pour faux et usage de faux et vol. Non seulement ce fonctionnaire, contrairement à tous les précédents (notamment celui, récent, du Gouverneur de la Martinique Lévêque), ne fut pas mis à la disposition de la justice, mais il fut nommé Gouverneur p. i. de l'Indochine, fait au sujet duquel M. André Berthon, député de Paris, s'exprimait ainsi du haut de la tribune de la Chambre. (*J. O.* n° 79, du 5 juillet 1922, p. 2.270) :

« Ces temps derniers encore c'était M. Outrey qui parlait à la Chambre et à la Commission des Colonies du scandale de la nomination de M. Baudoin, gouverneur général p. i. de l'Indochine, alors qu'il fait l'objet d'une instruction judiciaire conduite par M. Warrain, juge d'instruction, sur la plainte de M. Bellan, administrateur des Colonies. J'ai moi-même déposé une demande d'interpellation pour que le Ministre des Colonies soit à même de s'expliquer devant le Parlement de ce fait ».

Ni M. Outrey, ni aucun autre député ou membre de la Commission des Colonies, n'a fait la moindre objection à cette déclaration de M. André Berthon.

Cette interpellation était relative aux « *Crimes et abus de pouvoir commis en Indochine et spécialement au Cambodge par le Gouverneur intérimaire* » (*J. O.*, n° 79 du 5 juillet 1922, p. 2.286).

Comme si l'intérêt public n'exigeait pas de ne pas laisser un haut fonctionnaire sous le coup de telles accusations, cette interpellation a été éludée de même que plusieurs autres sur le même sujet. La lumière n'a donc pas encore été faite. La vérité apparaît-elle si effrayante que l'on ait systématiquement empêché sa manifestation ?

Plusieurs questions écrites avaient été posées, sur le même sujet, par des membres du Parlement. Il n'y a pas été répondu, comme si l'absence ou le refus de répondre ne constituait pas un aveu aux termes mêmes de la loi (art. 330 du C. I. C.).

Un autre député, du haut de la tribune, avait qualifié de « malfaiteur » ce même M. Baudoin, l'accusant, en outre, d'avoir commis les « pires méfaits », et d'avoir fait « condamner des indigènes sur des faux reconnus », faits pour la vérité desquels M. le député Ernest Outrey a apporté, à plusieurs reprises, son témoignage d'une façon éclatante (*J. O.* n° 143 du 11 décembre 1921, p. 4.845 et suivantes).

A une autre intervention à la Chambre (mars 1922), M. le Ministre des Colonies a répondu : « La justice est saisie. »

Cependant, dans les mêmes conditions que celles qui ont été relatées plus haut, M. Baudoin, sous le coup de poursuites criminelles, et la *justice étant saisie*, a été fait Commandeur de la Légion d'honneur ! (juillet 1923).

Et tandis que cette situation d'exceptionnelle faveur était faite à M. Baudoin, j'étais, par représailles évidentes, et contrairement à tout règlement, maintenu en France à l'expiration d'un congé régulier et privé de mon traitement colonial. Et ma mise à la retraite *avant 55 ans* a été envisagée, mesure d'exception qui, malgré de nombreux engagements du Gouvernement de faire des économies, obligerait le budget national c'est-à-dire l'ensemble des contribuables français, à me servir une rente importante, sans utilité, sans nécessité.

Bien plus, M. le Ministre des Colonies, à la Chambre, a déclaré « qu'en matière de justice », il couvrait M. Baudoin (*J. O.* du 21 décembre 1922, p. 4.371) : véritable violation du principe de la séparation des pouvoirs, de la Constitution.

Cette pression sans précédent sur la justice, exercée par une série de faits aussi éclatants, a été comprise par les magistrats qui ont eu à s'occuper de cette affaire. Elle a faussé l'instruction.

Bien que la loi oblige le juge d'instruction à faire la lumière, M. le juge Warrain, saisi de l'affaire, est resté plus d'un an sans faire les actes d'autorité prescrits par la loi (art. 63 et suivants, art. 91 et suivants du C.I.C.). Il a refusé de recevoir des pièces constituant preuves. Je dus le prendre à partie, pour déni de justice, sans autre espoir, je le reconnais, que de faire cesser cette inaction.

Ma requête de prise à partie est rejetée, chose prévue, parce que, spécifie l'arrêt de la Cour, « il n'apparaît pas que le magistrat ait apporté à l'information des *lenteurs calculées* ou commis des négligences qui puissent être assimilées à un refus détourné d'instruire sur la plainte dont il était saisi ».

Le fait matériel d'inaction absolue, de déni de justice, n'étant pas niable, la Cour a basé son arrêt, comme on le voit, sur la prétendue intention innocente du juge.

J'accuse M. le juge d'instruction Devise, commis après le désaisissement de M. Warrain, d'avoir, lui aussi, en dépit de mes instances et de celles de mes avocats, refusé d'accomplir les actes d'autorité prescrits par la loi ; d'avoir, pour se dispenser de faire ces actes d'autorité, usé du prétexte de commissions rogatoires à envoyer en Indochine et jugées par lui nécessaires tant que l'inculpé Baudoin était en Indochine comme Gouverneur général, pouvait choisir le juge chargé d'exécuter les commissions rogatoires, influencer les témoins, prétexte qu'il a abandonné dès que M. Baudoin fût en France ; d'avoir clos par une ordonnance de non-lieu une instruction qui n'a pour ainsi dire pas été ouverte, aucune confrontation n'ayant été faite, aucun témoin n'ayant été entendu, aucune information n'ayant été commencée ! De nombreuses preuves matérielles, constituées, la plupart du temps, par des pièces officielles figurant au dossier, ont été systématiquement ignorées !

Cette ordonnance de non-lieu est extraordinaire. Elle est conçue en termes vagues et dubitatifs et repose sur des attendus, absolument contraires à la réalité des faits, à la vérité.

Les voici :

« Attendu que *rien* dans la procédure ne *permet* d'indiquer que la requête de la dame Sa-Em *soit* un faux ; que le Parquet de la Seine *serait* d'ailleurs *incompétent* pour en connaître ; qu'au surplus, en *admettant* même l'existence du faux, M. Baudoin n'a fait usage de cette pièce que dans *la limite de ses fonctions*, et sans que *rien ne lui ait permis* de douter de l'authenticité de la pièce transmise par lui. »

Le premier attendu exprime une contre-vérité évidente ; car il y a dans le dossier plusieurs pièces d'une authenticité indéniable qui établissent la preuve du faux, notamment une lettre officielle signée (par apposition d'empreintes digitales) de la dame Sa-Em et de *cinq témoins*, lettre adressée à M. Baudoin pour protester contre l'usage du faux établi en son nom à elle, et, de plus, une déclaration de cette dame Sa-Em recueillie par les huissiers de Saïgon, dans le cabinet de mon avocat, Mᵉ Lacouture, ancien conseiller à la Cour et substitut du Procureur général, confirmant les termes de la lettre précitée.

Le deuxième attendu, à moins de le considérer comme une simple plaisanterie, est inqualifiable. Cette compétence a été admise, après discussion, par M. le doyen des juges d'instruction Guépet ; par M. le juge d'instruction Warrain qui, même au moment de sa prise à partie, ne s'est pas avisé de se servir de cette excuse ; par M. le juge d'instruction Devise lui-même, puisqu'il a procédé à l'interrogatoire de M. Baudoin, seul acte d'instruction qu'il ait voulu d'ailleurs accomplir deux ans et demi après le dépôt de ma plainte. Cette compétence est indiscutable et repose sur des textes formels. Comment, alors, expliquer ce doute que formule, après deux ans de réflexion, M. Devise dans son ordonnance ?

Aucune fonction publique conférée à un citoyen ne l'autorise, comme semble l'admettre cependant, d'une si invraisemblable façon *le troisième attendu,* à commettre des actes que la loi qualifie crimes. Au surplus, quant à l'intention innocente que ce singulier attendu prête à M. Baudoin, cela constitue aussi une contre-vérité absolue. En effet, M. Baudoin, dès le début de cette affaire organisée par ses soins, a reçu, notamment du Gouverneur de Prey-Veng, plusieurs plaintes relatives au faux dont il faisait usage. La dame Sa-Em elle-même s'est, comme on l'a vu, adressée directement à lui pour protester contre l'usage qu'il faisait du faux établi en son nom. Ces plaintes et protestations, *qui sont au dossier*, sont antérieures de plusieurs mois aux décisions judiciaires que M. Baudoin a fait prendre, *par ordre*, sur le faux en question, pour la condamnation d'indigènes innocents sur lesquels il voulait exercer des représailles. M. Baudoin a, par conséquent, commis ses actes criminels en toute connaissance de cause. M. Devise nie donc l'évidence et, dans tous les cas, exprime une contre-vérité quand, s'insinuant dans la conscience de M. Baudoin, il prétend que « *rien n'a permis* à M. Baudoin *de douter de l'authenticité* de cette pièce : le faux établi au nom de la dame Sa-Em.

Et si une telle décision de justice, rendue dans de telles conditions, vient, sur opposition, d'être tout simplement confirmée par la Chambre des Mises en accusation, n'est-ce pas là, de toute évidence, le résultat de cette pression éclatante, publiquement proclamée, allant jusqu'à la violation de la Constitution.

Ne sont-ce pas des faits comme celui que je dénonce qui ont motivé ce jugement de deux anciens Gardes des Sceaux :

1° M. Viviani : « La Justice a deux visages : l'un toujours souriant tourné vers les puissants ; l'autre grimaçant et terrible tourné vers les humbles. »

2° M. Barthou : « La magistrature est rongée par une gangrène dans laquelle il faudrait porter le fer rouge. »

En réalité, il s'agit d'une forfaiture judiciaire bien caractérisée, provoquée par la forfaiture d'un membre du Gouvernement, le Ministre des Colonies. Cela, pour permettre à M. Baudoin de retourner en Indochine afin de continuer à y exercer, à son propre profit et à celui de ses amis, ses aptitudes spéciales, et aussi, à effacer les traces de ses crimes : formidable complot où les puissances administratives et judiciaires se sont liguées contre la Justice et contre la Vérité. Et nous sommes en France, à Paris ! Cela peut donner une idée de ce qui se passe en Indochine.

Eh bien ! Je renouvelle aujourd'hui contre M. Baudoin, mes accusations de vols, faux et usage de faux, application de tortures à des indigènes, brutalités sur des indigènes dont certaines ont même entraîné mort d'homme (par exemple, la mort du Mekhum You, maire de la commune cambodgienne de Svai-Antor),

condamnation *par ordre* d'indigènes innocents, abus
de pouvoir de toutes sortes, auxquelles j'ajoute celle
d'être, en quelque sorte, un véritable chef d'assassins
pour avoir donné des instructions ayant maintes fois
conduit à l'assassinat délibéré et prémédité de groupes
d'indigènes sans défense.

Ces accusations graves, je les formule contre un
haut fonctionnaire, contre de hauts magistrats dans
l'exercice de leurs fonctions. Si, par prudence, ou
pour toute autre raison, ils hésitaient à me traduire
devant la Cour d'assises où la preuve de ces accusations peut être publiquement établie, la loi confère
aux Ministres dont ils dépendent, c'est-à-dire au Garde
des Sceaux et au Ministre des Colonies, le droit d'user
de cette initiative afin que la lumière puisse éclater au
grand jour.

D'ailleurs, à maintes reprises, la presse indépendante, soit en Indochine, soit à Paris, a proclamé cette
indignité de M. Baudoin qui est un fait notoire.

Un journal de la colonie a rappelé que M. Baudoin
avait même été une fois, pour une raison de prestige,
« sauvé de la Cour d'assises » par un Résident supérieur, M. Morel. Ces accusations publiques n'ont pas
été relevées par M. Baudoin, alors Gouverneur général p. i. de l'Indochine.

Des journaux de Paris, parmi lesquels *la Liberté*,
l'Humanité et, notamment, *le Progrès Civique*, dans
une série d'articles (15 avril 1922 ; 6 et 13 mai 1922 ;
3 et 24 juin 1922 ; 13 et 23 septembre 1922 ; 30 décembre 1922, etc.), ont montré la gravité de cette affaire
Baudoin et révélé les manœuvres entreprises pour
l'étouffer. Enfin, un grand journal, *le Quotidien,* après
plusieurs interventions, s'exprimait ainsi, le 21 mai
1923, dans un Premier-Paris intitulé : « La Justice ago-
nise », après avoir stigmatisé des procédés de mépris
du droit et de cynisme :

« Dans une affaire au sujet de laquelle nous nous
expliquerons un jour prochain, c'est un très haut fonc-

tionnaire colonial, le Gouverneur général p. i. de l'Indochine, qui est, ou plutôt qui devrait être poursuivi. L'accusation portée contre lui est formidable. Il ne s'agit de rien moins que d'un faux dans un procès criminel. Cependant, depuis deux ans, de scandaleuses manœuvres arrêtent l'action des magistrats, et M. Baudoin, qui a mis notre grande colonie asiatique à deux doigts de sa perte pendant la guerre, quoi qu'en ait dit M. Sarraut, continue à l'exploiter. »

Le retour de M. Baudoin en Indochine, après la comédie judiciaire à laquelle se sont prêtés des magistrats français, ne constitue-t-il pas une apologie du crime par le fait, un des actes de ce régime contre lequel M. René Martin, ancien fonctionnaire des résidences et conseiller municipal de Haïphong, s'élevait, dans sa profession de foi, quand il se présentait à l'élection du délégué au Conseil supérieur des Colonies comme « candidat de protestation contre la politique d'amoralité, de féodalité, d'arbitraire et de favoritisme éhonté, étreignant, démoralisant et avilissant l'Indochine... ; d'opposition... à l'emploi d'expédients artificieux pour pallier la gabegie financière, la dilapidation budgétaire en gaspillages et libéralités de prince : fruits d'un despotisme gouvernemental ».

Et une personnalité indochinoise, un publiciste habitant la colonie depuis 30 ans, M. Bonnafont, imprimait : « M. Martin a été élu avec le programme ci-dessus. Et ce verdict des électeurs français de l'Annam-Tonkin a une signification autrement importante que les discours et les articles *pro domo* que publient ou font rédiger les profiteurs de la gabegie indochinoise.»

Encore n'est-il pas fait allusion, dans tout cela, aux plaies sociales, soigneusement entretenues et développées, de l'opium, de ce que Gandhi appelle « la malédiction de l'alcool », des tripotages accomplis à leur sujet et que la presse indépendante de la colonie a dénoncés, du trafic de la Légion d'honneur, etc.

Sont-ce là des moyens de civilisation et de mise en valeur des colonies ?

Le retour à la tête du Cambodge de M. Baudoin, criminel notoire, n'est-il pas un défi à la conscience publique ? Ne donne-t-il pas le droit à nos vingt-cinq millions de protégés et de sujets indochinois, de croire que c'est au nom de la France que M. Baudoin a commis ses crimes connus de tous, puisqu'on lui a confié le poste de Gouverneur général p. i. et qu'on l'a nommé Commandeur de la Légion d'honneur, alors qu'il se trouvait sous le coup de poursuites criminelles que l'on a ensuite arrêtées par les moyens exposés plus haut.

Il apparaît donc qu'au-dessus des personnalités des tortionnaires, des criminels, et de leurs victimes, plane la question du bon renom de notre patrie, et aussi, une question de haute morale et de salubrité publique. Cela ne vaut-il pas qu'on en finisse avec cette opposition systématique, criminelle, à la manifestation de la vérité ?

Le Président de la Chambre, dans son premier discours qui a été acclamé avec enthousiasme et dont l'affichage a été voté, rappelait la pensée de Montesquieu : « La République ne peut vivre sans vertu », et parlait de « l'immense espoir de justice » de la démocratie. Cet espoir ne saurait être déçu, surtout pour des indigènes à qui nous nous présentons comme des civilisateurs.

Et au sujet de ces affaires, ne pourrait-on aussi invoquer cette autre maxime de Montesquieu : « Quand on examine la cause des relâchements, on voit que ceux-ci résultent plutôt de l'impunité des crimes que de la modération des peines infligées aux criminels. » (*Esprit des Lois.*)

Montesquieu n'avait pas prévu la glorification des crimes par l'octroi aux criminels des plus hauts honneurs, des plus importants emplois publics.

Une enquête parlementaire, en garantissant les témoins contre toutes représailles administratives, établirait aisément la vérité de la situation, ou bien alors, un débat public devant la Cour d'assises.

J'espère que la Chambre voudra bien, avec le seul souci de la Vérité et de la Justice, examiner les faits de haute gravité dont elle est saisie, et ordonner, aussi, le redressement des dénis de justice dont j'ai été victime, ainsi que des indigènes innocents condamnés par ordre, par représailles, sur des faux avérés, et cela pour ne pas mettre ces victimes dans l'obligation d'user de ce droit naturel et imprescriptible de « résistance à l'oppression » inscrit dans la Déclaration des Droits de l'Homme ».

Charles BELLAN.

[*]

Paris, le 17 juin 1924.

> *M. Charles Bellan, administrateur des Services Civils de l'Indochine, ancien Résident de France au Cambodge,*
> *A Monsieur le Président de la Ligue des Droits de l'Homme, Paris.*

MONSIEUR LE PRÉSIDENT,

Au banquet d'hier, le souvenir de l'affaire Dreyfus a été rappelé, et, dans une atmosphère d'unanime enthousiasme, de nobles discours ont exalté l'apôtre de la Vérité et de la Justice qu'a été Zola et l'action magnifique de la Ligue des Droits de l'Homme.

Or, je viens de saisir la nouvelle Chambre, par voie de pétition, renouvelant l'appel adressé à l'ancien Parlement, d'une affaire similaire ; des innocents ont été condamnés, par ordre, par représailles, sur des faux avérés, avec cette gravité plus poignante encore que, pour l'obtention de faux témoignages, des brutalités et des tortures ont été infligées à des individus, ayant causé même la mort de l'un l'eux, le Mekhum You, maire de la commune cambodgienne de Svai-Antor (Cambodge).

Depuis huit ans, et malgré l'appui de généreux parlementaires, mes efforts en faveur des victimes sont restés vains ; ils n'ont eu d'autre résultat qu'un véritable complot des autorités administratives et judiciaires contre la Vérité et la Justice ; et cela, pour protéger des coupables haut placés qui ont été, par un vrai défi à la conscience publique, accablés de faveurs et d'honneurs.

« *L'injustice triomphante, c'est la France vaincue* », écrivait Albert Bayet, à propos de Zola, dans *Le Quotidien* du 15 juin 1924.

J'ai l'honneur de vous adresser, ci-jointe, une copie de ma pétition à la Chambre des députés, persuadé que la Ligue des Droits de l'Homme, dont je suis membre, l'appuiera de son action et de son autorité pour faire triompher à la fin, en dépit de tous les obstacles, la Vérité et la Justice.

Signé :
Charles BELLAN.

La reproduction de ma première pétition à la Chambre des Députés et du volumineux dossier de pièces jointes excèderait le cadre de cet opuscule. Leur publication sera faite ultérieurement, ainsi que celle du dossier de l'Instruction.

Toutefois pour l'édification des lecteurs, je crois utile de reproduire, dès maintenant, et seulement à titre d'exemple, le témoignage du premier Président de la Cour d'Appel du Cambodge, relativement à un arrêt rendu, par ordre, et basé sur un faux notoire.

C'est dans les mêmes conditions que, à ma connaissance, les Tribunaux indigènes de Pnompenh (Cambodge), juridictions de première instance et d'appel, ont établi, par ordre, sans audiences ni débats publics, plusieurs centaines de décisions de justice !

L'an mil neuf cent vingt-et-un et le dix-neuf février, à 10 h. 30 du matin,

Par devant nous, Sicot et Cazenave, huissiers près la

Cour d'appel et les tribunaux de Saïgon, s'est présenté M. Bellan, administrateur de la province de Bentré, qui nous a requis de recueillir les déclarations du sieur Dy, ancien président du Sala Outor à Pnompenh (Cour d'appel du Cambodge), actuellement de passage à Saïgon.

Déférant à cette réquisition nous, soussignés, huissiers, assistés de Chau-Un, interprète assermenté du service judiciaire pour la langue cambodgienne, nous nous sommes transportés, à la demande de notre requérant, en l'étude de Mᵉ Alexandre Lacouture, avocat défenseur à Saïgon ; et là, étant en présence de MM. Bellan et Lacouture, nous avons commencé par demander l'identité du nommé Dy présent.

D. — Comment vous appelez-vous ?

R. — Dy, âgé de 61 ans, demeurant au 3ᵉ quartier à Pnompenh, sans profession actuelle, autrefois président du Sala Outor (Cour d'appel) à Pnompenh, en retraite depuis deux ans environ.

M. Bellan nous a priés de poser la question suivante :

D. — Vous rappelez-vous dans quelles conditions vous avez été appelé à juger le milicien Yem et le gouverneur Yéa, de la province de Prey-veng ?

R. — Le Sala Luckhun (tribunal de première instance de Pnompenh), avait condamné le milicien Yem à 5 ans de prison et le gouverneur Yéa à 200 $ 00 d'amende, parce qu'on reprochait à Yem d'avoir tiré un coup de fusil sur la personne du nommé Mau, un chef de bande de rebelles, et au gouverneur Yéa, de s'être rendu complice de cet assassinat par instructions données.

Après avoir examiné le dossier, et avoir entendu les inculpés et les témoins, j'ai acquis la conviction qu'il n'y avait ni crime ni même faute commise par les prévenus, étant donné que le nommé Mau était un malfaiteur dangereux en état de rébellion et essayant de s'enfuir malgré les sommations de s'arrêter.

Le Ministre de la Justice, M. Chhun, m'a fait convoquer à son cabinet dès que la procédure a été transmise à ma juridiction et m'a déclaré que le haut fonctionnaire (Louk-Thom) voulait que cette affaire soit solutionnée rapidement.

Le Ministre de la Justice m'a, en outre, ordonné de condamner le milicien à dix ans de prison et le gouverneur à 200 $ d'amende et a ajouté : « Que cette affaire était déjà définitivement solutionnée par le Louk-Thom (haut fonctionnaire) qui avait lui-même fixé la peine à 10 ans de prison pour le milicien et 200 $ d'amende pour le Gouverneur ».

Aussitôt après je me suis rendu à la salle d'audience où j'ai rendu l'arrêt sans même consulter mes assesseurs et en conformité des ordres que je venais de recevoir. Ce n'est que trois jours après, que j'ai rédigé la minute de mon arrêt et que je l'ai signée. Puis je l'ai ensuite présentée à la signature de mes assesseurs, lesquels n'ont fait aucune objection pour la signer, du moment qu'ils ont vu figurer ma propre signature.

Aussi bien au moment de rendre l'arrêt verbalement qu'au moment d'en signer la minute, j'ai levé mes mains vers le ciel en implorant Bouddha et ses anges et en les prenant à témoins que je ne jugeais pas selon ma conscience ; mais que j'obéissais à un ordre reçu. (Le déclarant reproduit devant nous le geste d'imploration auquel il fait allusion).

A ce moment notre requérant, M. Bellan, nous demande de poser au déclarant Dy, la question suivante :

D. — N'avez-vous pas vu dans le dossier de la procédure que vous avez examiné une pièce qui vous a paru suspecte et qui portait la signature d'une femme nommée Neang Sa Em.

R. — J'ai trouvé dans le dossier deux pièces signées du thnangday (diêm-chi, empreinte des phalanges de la main) de Neang Sa Em. La première en date de ces pièces était une plainte adressée par la poste au Résidant de Prey-Veng et par laquelle Neang Sa Em se plaignait de l'assassinat de son mari, le chef de bande Mau. Cette plainte a servi de point de départ à toute la procédure.

La seconde était la déclaration de Neang Sa Em recueillie au cours de l'enquête administrative faite par les deux enquêteurs français et cambodgien de Prey-Veng.

Il m'a semblé, à première vue, que ces deux Thnang-day de Neang Sa Em n'étaient pas identiques. Je les ai rapprochés pour les contrôler, j'ai constaté qu'il existait une différence d'environ 6 à 7 millimètres entre ces deux pièces. Or comme le thnang-day existant sur l'interrogatoire des enquêteurs était très certainement authentique, puisque apposé en présnce de ces derniers, j'en ai conclu que le Thnang-day figurant sur la plainte primitive adressée par la poste au résidant de Prey-veng, n'était certainement pas le véritable thnang-day de Neang Sa Em et par suite que cette plainte n'émanait pas de cette dernière. Toutefois, en présence des ordres formels que j'avais reçus du Ministre de la Justice pour solutionner cette affaire dans le sens fixé par le haut fonctionnaire français, je n'ai pas essayé de pousser plus loin mes investigations et j'ai rendu immédiatement mon arrêt sans provoquer les explications de Néang Sa Em sur ce point.

Notre requérant nous ayant déclaré n'avoir aucune autre question à poser au déclarant, nous avons clos le présent procès-verbal après avoir fait signer le déclarant Dy et avoir apposé ses empreintes digitales ainsi que sa photographie au bas des présentes, en vue de rendre impossible ultérieurement toute substitution ou supposition de personne.

Et nous avons nous-mêmes signé le présent pour valoir ce que dè droit.

Coût : Quarante-cinq piastres 46 cents.

Signé : Sicot, Cazenave, Dy, Chau-Un.

Coût :

    Emoluments Sicot :
        1/2 P. V. ....   3. »
        Vacations ....   12. »
    Emoluments Cazenave :
        1/2 P. V. ....   3. »
        Vacations ....   16. »
        Transport 4.80
        Indemnité ....   2. »
        Enregistrement 1.20
        Timbre 0.36
        Interprète ....   3. »
        Report 0.10
                        —————
                       45.46

Empreintes de la main droite de M. Dy :
Pouce Index Majeur Annulaire Auriculaire.
    Signé : Sicot, Cazenave, Chau-Un.
Photographie de Dy.
    Signé : Sicot.   Signé : Cazenave.

Nous, huissiers soussignés, certifions que la photographie apposée ci-contre est bien celle du nommé Dy dont la déclaration a été consignée aux présentes et que cette photographie a été tirée à notre demande par M. Crespin, photographe à Saïgon, rue Catinat, n° 136.

                      Signé : Sicot, Cazenave.

    Enregistré au premier Bureau de Saïgon (A.J.) (1$20), le vingt-cinq février 1921.
    Folio 45, Case 16.
    Reçu : Une piastre 20 cents.

                      Signé : Illisible.

A ce témoignage impressionnant du premier Président de la Cour d'Appel de Cambodge, s'ajoute celui du Président du Tribunal de première instance, qui, dans une lettre officielle dont j'ai remis une copie au Juge d'instruction, proclamait qu'il agissait par « Ordre de l'autorité supérieure », c'est-à-dire de M. Baudoin.

Le motif de tout cela ? C'est que M. Baudoin « dont on connaît l'esprit vindicatif à l'excès » selon les termes employés par M. le Député Outrey, dans une lettre officielle au Gouverneur général de l'Indochine, c'est que M. Baudoin voulait punir un indigène innocent d'avoir rétracté un faux témoignage qu'on lui avait arraché par la torture (privation de nourriture et torsion des chevilles au moyen d'anneaux et de barres de fer) pour compromettre un haut fonctionaire indigène qui ne s'était pas prêté à de honteuses machinations pour lesquelles M. Baudoin lui demandait sa complicité. Ce fonctionnaire indigène a d'ailleurs signalé les manœuvres dont il a été la victime à l'autorité française dont la réponse a été, comme toujours, l'habituel silence !

Un mot d'explication : Ce Mau, dont la mort a servi de prétexte à l'établissement, longtemps après, par M. Baudoin d'une tragi-comédie judiciaire, avait organisé la rébellion dans la province cambodgienne de Prey-Veng. Il avait pillé, incendié quantité de maisons habitées et assassiné de sa main plusieurs personnes. Au moment de son arrestation, les armes à la main, il portait, dans sa ceinture les dents de ses victimes. Ayant pris la fuite, et refusé d'obéir aux sommations de l'arrêter, le chef de l'escorte ordonna de tirer, et les miliciens et gens de l'escorte obéirent. Un procès-verbal détaillé de l'événement a été établi et signé par les autorités administratives, judiciaires, municipales et par les gens de l'escorte, témoins du fait.

Paris, le 15 septembre 1923.

Monsieur Charles BELLAN, Administrateur des Services Civils de l'Indo-Chine, A Messieurs le Grand Chancelier et Membres du Conseil de la Légion d'Honneur, Paris.

MESSIEURS,

Par un décret tout récent, M. Baudoin, Gouverneur général p. i. de l'Indochine, a été promu Commandeur de la Légion d'honneur.

Il est de mon devoir de porter à votre connaissance que deux instructions sont actuellement ouvertes devant le Tribunal de la Seine contre le dit M. Baudoin : 1° pour faux et usage de faux ; 2° pour vol (vol de correspondance privée).

Ces plaintes, avec constitution de partie civile, ont été déposées par moi-même contre M. Baudoin relativement à des actes criminels m'ayant porté préjudice.

La première (faux et usage de faux) est du 9 juin 1921. L'instruction en fût confiée à M. le Juge Warrain. Feignant d'ignorer que la loi oblige le Juge d'instruction à faire la lumière, M. Warrain pendant plus de six mois se confina dans une inaction absolue. Le fait fut dénoncé à M. le Garde des Sceaux par plusieurs parlementaires. Alors, M. Warrain s'avisa de formuler la demande d'un dossier administratif qu'il savait devoir être fourni par l'inculpé lui-même. Non seulement celui-ci, après tous les retards possibles, envoya le dossier qu'il voulut, mais encore en fit fabriquer d'autres, de toutes pièces, par des magistrat et fonctionnaires sous ses ordres. Cependant M. le juge Warrain au lieu de faire, enfin, les actes d'autorité nécessaires et prescrits par la loi (art. 63 et suivants et art. 91 et suivants du C.I.C.) persista à se tenir sous la dépendance de l'inculpé et à se soumettre même à son bon plaisir en attendant qu'il voulut bien venir se mettre à sa disposition ! Cette attitude provoqua de ma part une demande de prise à partie du Juge Warrain. Elle fut rejetée par la Cour d'Appel parce que je ne démontrais pas que les retards de l'instruction eussent été calculés : comme si la preuve d'un calcul en dehors des dates et des faits eux-mêmes, pouvait exister, le retard eût-il duré dix ans et davantage.

M. Warrain fut alors dessaisi de l'instruction, mais peu après, il était fait Chevalier de la Légion d'Honneur.

Ci-joint, copie d'une lettre (juin 1923) de mes avocats au Juge d'Instruction demandant la cessation de cette inaction de la justice.

Faut-il voir une explication de cette inaction dans la nomination de M. Baudoin comme Gouverneur général p. i. de l'Indochine, alors qu'il se trouvait sous le coup de poursuites criminelles ?

A ce sujet, M. le Député Berthon, du haut de la Tribune de la Chambre, s'exprimait ainsi (*J. O.*, n° 79-5 juillet 1922, p. 2270) :

« Ces temps derniers encore c'était M. Outrey qui parlait à la Chambre et à la Commission des Colonies, du scandale de la nomination de M. Baudoin comme Gouverneur p. i. de l'Indochine, alors qu'il fait l'objet d'une instruction judiciaire conduite par M. Warrain, Juge d'Instruction, sur la plainte de M. Bellan, Administrateur des Colonies. J'ai moi-même déposé une demande d'interpellation pour que le Ministre des Colonies soit à même de s'expliquer devant le Parlement sur ce fait. »

Cette demande d'interpellation était relative aux « *crimes et abus de pouvoir commis en Indochine et spécialement au Cambodge, par le Gouverneur intérimaire* » (*J. O.*, n° 79, 5 juillet 1922, p. 2286).

Elle n'a pu encore être développée ayant été ajournée ainsi que plusieurs autres interpellations sur le même sujet, par la Chambre, pour des considérations de politique extérieure.

D'un autre côté, je viens de saisir, lui demandant justice, la Chambre des Députés, par voie de pétition, de la situation particulière dans laquelle je me trouve du fait de certains autres agissements de M. Baudoin, échappant à la compétence de la juridiction de droit commun. Ci-joint, pour renseignements, copie de ma pétition : elle vous donnera une idée des extraordinaires procédés d'administration de M. Baudoin.

M. Baudoin a été traité de « *Malfaiteur* » du haut de la Tribune du Parlement (*J. O.*, n° 143, du 11 décembre 1921, p. 4845 et suivantes), sans qu'il ait aussitôt pensé à venir se disculper de cette grave accusation publique.

Des journaux indépendants de l'Indochine ont tout récemment formulé contre M. Baudoin, Gouverneur général p. i. les plus infamantes accusations, rappelant même qu'un Résident Supérieur, M. Morel, l'avait une fois « sauvé de la Cour d'Assises ». — Et M. Baudoin, Chef de la Colonie p. i. craignant la lumière de la Cour d'Assises, s'est opposé à laisser le Procureur Général intenter des poursuites contre les auteurs de ces accusations portées contre lui-même.

En ce qui concerne les accusations que j'ai portées contre M. Baudoin, je rappelle que la justice régulièrement saisie, malgré leur gravité, n'a pas encore, après deux ans et demi, commencé à les vérifier.

Or, non seulement je les confirme ici, mais je tiens à en formuler de nouvelles.

J'accuse le Gouverneur général p. i. Baudoin d'avoir commis de nombreux abus de pouvoir dont certains exemples sont donnés dans ma pétition à la Chambre des Députés ;

J'accuse M. Baudoin d'avoir, dans un but de réprésailles, fait prononcer, par ordre, par les Tribunaux indigènes, la condamnation d'individus innocents ;

J'accuse M. Baudoin de pillage de temples dont l'intégrité est garantie par les traités et de vols d'objets sacrés (statues de Bouddha) ;

J'accuse M. Baudoin d'avoir dans diverses circonstances, commis un nombre indéfini de faux, dans le but, notamment de détourner à son profit personnel des deniers publics ; d'avoir agi, en quelque sorte, comme un professionnel du faux et du vol.

Vous veillez, Messieurs, à la sauvegarde de l'honneur de chacun des membres de l'honorable corporation que vous dirigez et il y a peu de temps, vous avez rayé de vos rangs un Commandeur de la Légion d'honneur, un célèbre écrivain contre lequel pourtant, aucune instruction n'était ouverte pour crime ou même délit de droit commun.

Je suis donc certain que vous vous ferez un devoir d'examiner la situation de M. Baudoin, promu commandeur de la Légion d'Honneur alors qu'il se trouve sous le coup de poursuites criminelles, et de prendre toute décision que vous jugerez utile.

Que penser aussi des décorés indochinois, et ce sont les plus nombreux, des dernières promotions, qui doivent leur distinction à des propositions faites par M. Baudoin, Gouverneur général p. i. de l'Indo-Chine et inculpé de crime de droit commun.

Sans doute estimerez-vous nécessaire même, dans ces conditions, d'obliger M. Baudoin à me poursuivre devant la Cour d'Assises où la pleine lumière sera faite et toutes preuves administrées et, s'il s'y refuse, de vous substituer à lui et de prendre l'initiative des poursuites, car s'il ne détruit pas mes accusations et ne me fait condamner, comment pourrait-il demeurer Membre de la Légion d'Honneur ?

Alors au grand jour des débats de la Cour d'Assises, la vérité éclatera en dépit des manœuvres de M. Baudoin et des dossiers qu'il a fait fabriquer pour les besoins de sa cause. Car les faits matériels, les dates, les pièces officielles, les écrits de M. Baudoin lui-même, la mort du maire indigène You causée par les cruautés qui lui ont été infligées etc., tout cela ne peut être ni effacé, ni détruit.

Et l'on verra si je suis un diffamateur et un mauvais patriote, ou si M. Baudoin, Commandeur de la Légion d'honneur, est réellement un « *Malfaiteur* » qui a fait mépriser le nom français par les populations de l'Indo-Chine.

Veuillez agréer, Messieurs, l'assurance de mon profond respect.

Signé :

Charles BELLAN.

GRANDE CHANCELLERIE
DE LA
LÉGION D'HONNEUR.
Secrétariat Général.
N° 3577.

Paris, le 3 octobre 1923.

MONSIEUR,

Vous m'avez adressé une réclamation contre un membre de l'ordre.

Je vous informe que les faits dont il s'agit relèvent, les uns de l'autorité judiciaire, les autres de l'autorité administrative et que la Grande Chancellerie ne saurait intervenir tant que ces deux autorités ne se seront pas prononcées par une décision définitive.

Recevez, Monsieur, l'assurance de ma considération distinguée.

Le Grand Chancelier,

Signé :

Général DUBAIL.

Pour un Victor Margueritte, le Grand Chancelier a agi tout autrement ; sa réponse, simple subterfuge, a été évidemment dictée par l'administration qui, comme on l'a vu, refuse de faire la lumière.

C'est ainsi que pour empêcher l'exposition au Parlement des actes criminels de M. Baudoin, le Ministre des Colonies (alors M. Sarraut), du haut de la Tribune de la Chambre avait pris l'engagement de convoquer M. Bellan pour examiner « en toute clarté les suites dont cette affaire est susceptible. » (J. O. n° 35, du 21 mars 1922, p. 929).

Cet engagement n'a pas été tenu, malgré les instances réitérées de MM. d'Iriart d'Etchepare, Président de la Commission des Colonies et Ernest Outrey, Député. Car si l'affaire avait été examinée, les preuves matérielles qui auraient, en présence de ces deux parlementaires, été produites au Ministre, auraient mis celui-ci dans l'obligation de sanctionner les crimes de son protégé.

Paris, le 31 juillet 1924.

*M. Charles Bellan, Administrateur des
Services Civils de l'Indochine, à Monsieur le Ministre des Colonies, Paris.*

Le journal *Le Journal* du 11 juillet 1924, publiait une information d'après un communiqué fait à l'issue du Conseil des Ministres, la veille, 10 juillet, lequel « annonçait qu'un décret rendu sur la proposition du Ministre de l'Intérieur prononçait, *à la demande de l'intéressé*, la mise en disponibilité de M. Buloz, préfet de la Vienne. »

M. Buloz a fait cette demande afin qu'il pût présenter sa défense en toute liberté.

D'après la même information, « le Garde des Sceaux, ayant eu connaissance du dossier de l'affaire, a ordonné le renvoi de M. Buloz devant la juridiction compétente. »

Il s'agit du détournement d'un livre ancien !

Or, j'ai porté contre M. Baudoin, résident supérieur du Cambodge, des plaintes autrement graves, l'accusant d'actes criminels. Certaines de ces accusations ont même été rendues publiques soit par des journaux d'Indochine, soit par ceux de Paris (notamment l'*Humanité*, du 7 juin 1924), sans qu'aucune poursuite ait été exercée contre eux.

Cependant, tout récemment, le 7 juin 1924, M. de Jouvenel, Ministre de l'Instruction publique, a fait poursuivre devant les tribunaux d'Ille-et-Vilaine, l'auteur d'un article publié dans un journal et contenant des calomnies à l'égard d'instituteurs publics. (*Le Quotidien*, 7 juin 1924).

Il y a peu de temps, on a renvoyé M. Baudoin en Indochine sans que mes accusations contre lui aient été examinées, lui fournissant ainsi, peut-être, le moyen de détruire certaines preuves de ses crimes. Mais il y a des preuves qu'on ne peut détruire !

Quant il s'agit de justice, peut-il y avoir deux poids

et deux mesures ? Et si M. Baudoin se sentait vraiment innocent, pourquoi n'a-t-il jamais demandé une justice sérieuse et publique afin de se disculper ?

Dès 1917, dans une lettre officielle du 19 juin, adressée au Gouverneur général de l'Indochine, alors M. Sarraut, j'écrivais :

« Je n'ignore pas la gravité des accusations que je formule contre M. le Résident supérieur Baudoin. Je déclare en assumer toute la responsabilité, et, à nouveau, je prends l'engagement de vous fournir toutes les preuves requises, soit par l'énumération de faits précis, soit par la révélation de pièces officielles.

« Comme j'en avais pris l'engagement devant vous lors de l'audience du 1ᵉʳ février, je suis tout prêt à accepter ma révocation si M. le Résident supérieur Baudoin ose prendre le même engagement à condition, pour employer l'expression de M. le Gouverneur général Charles, que l'affaire soit « *complètement éclaircie* », qu'aucune entrave ne soit apportée à la manifestation de la vérité. »

Aucune réponse n'a été faite, aucune suite n'a été donnée à cette lettre ni à d'autres qui l'ont suivie. On ne m'a opposé que le silence et la force d'inertie : preuve évidente que l'exactitude de mes accusations était reconnue, que la vérité ne faisait de doute pour personne. Autrement ne m'eût-on pas frappé ? Les faits sont, d'ailleurs, de notoriété publique.

Ma petition du 13 juin à la Chambre des députés établit les dénis de justice dont j'ai été victime et dont je ne cesserai de poursuivre la réparation, en dépit des représailles qui ont déjà été exercées et qui s'exercent encore contre moi pour me punir, semble-t-il, d'avoir osé dénoncer les actes criminels d'un fonctionnaire bien en cour et demander justice !

Par contre, sont-elles donc des tares, les notes élogieuses que m'ont valu mes longues années de loyaux services, parmi lesquelles, avec fierté, je relève celle-ci : « Très doux avec les indigènes, sait s'en faire aimer. »

Est-ce donc une tare aussi, de n'avoir pas, comme M. Baudoin, si favorisé et si honoré, commis de crimes et fait détester la France ?

Je renouvelle officiellement entre vos mains mes plaintes contre M. Baudoin, espérant que le Gouvernement actuel, issu des élections du 11 mai, prendra enfin toutes les dispositions nécessaires pour la manifestation de la vérité et me donnera les moyens d'obtenir justice.

Signé : Charles BELLAN.

Voici un extrait de mes notes de service, au Cambodge :

« Il est incontestable que cette autorité dont jouit M. Bellan dans sa circonscription tient beaucoup à son prestige personnel sur la population, fait de la confiance qu'il inspire par ses 22 années de service utilement laborieuses au Cambodge et de la supériorité que lui donne sa connaissance approfondie de la langue, des mœurs et des besoins du pays. »

Et M. Ernest Outrey, Député, alors Résident supérieur au Cambodge, par lettre officielle n° 1253, du 23 juin 1913, signalait mes services au Gouverneur Général de l'Indochine, et concluait en ces termes :

« Ce fonctionnaire est un des Résidents que j'apprécie le mieux tant au point de vue de ses réelles connaissances professionnelles que de sa parfaite manière de servir... Je le considère, je le répète, comme un des meilleurs Résidents en service au Cambodge. »

Signé : Ernest OUTREY.

Paris, le 31 juillet 1924.

M. Charles Bellan, Administrateur des Services Civils de l'Indochine, à Monsieur le Ministre de la Justice, Paris.

Vous avez bien voulu me répondre, le 4 juillet, que vous preniez « bonne note » de la communication que j'ai eu l'honneur de vous faire d'une pétition à la Chambre des députés au sujet de l'affaire Baudoin, et demandant justice.

La décision toute récente que vous avez prise, en Conseil des Ministres, de poursuivre le préfet Buloz accusé d'avoir détourné un vieux livre me fait espérer que vous donnerez une suite rapide aux accusations autrement graves que je formule contre M. Baudoin, résident supérieur au Cambodge, accusations qui ont été en partie rendues publiques soit par des journaux d'Indochine, soit par des journaux de Paris.

Or, M. Baudoin a été dernièrement renvoyé en Indochine sans que mes accusations aient été vérifiées. A-t-on voulu peut-être, lui fournir le moyen de détruire certaines preuves gênantes ? Il y en a, comme les cadavres, par exemple, qu'on ne pourra faire disparaître.

Cependant, si M. Baudoin se sentait innocent n'aurait-il pas été lui-même, comme le préfet Buloz, le premier à demander une justice sérieuse et publique afin de prouver à tous son innocence ?

Quant à moi, je ne demande qu'une chose, c'est que justice me soit rendue ainsi qu'aux autres victimes de M. Baudoin. C'est cette justice publique que je réclame, et je me fais fort de prouver les accusations que j'ai portées contre M. Baudoin. Je suis prêt, d'ailleurs, à prouver d'autres faits que ceux que j'ai dénoncés, je demande seulement que l'instruction soit confiée à un juge indépendant qui veuille bien m'écouter et vérifier sérieusement toutes mes accusations.

L'affaire Dreyfus établit la preuve que malgré la pression formidable exercée alors par une série de ministres, la vérité finit toujours par éclater. L'affaire Baudoin est plus grave puisque, pour l'obtention de faux témoignages, on a eu recours à des tortures physiques et morales infligées à des témoins, dont il est même résulté mort d'homme.

Je suis certain, Monsieur le Ministre, que je ne fais pas en vain appel à votre impartialité, que vous arrêterez toutes les manœuvres exécutées jusqu'à présent pour étouffer la vérité, et que la justice sera placée par vous au-dessus de toute considération de personnes.

Signé : Charles BELLAN.

Paris, le 31 juillet 1924.

M. Charles Bellan, Administrateur des
Services Civils de l'Indochine, à Mon-
sieur le Président du Conseil des Mi-
nistres, Paris.

Comme suite à ma dernière communication que vous avez bien voulu transmettre à M. le Ministre des Colonies « en la signalant à son attention », j'ai l'honneur de vous communiquer, à toutes fins utiles, copies de deux requêtes que j'adresse, respectivement, à MM. les Ministres de la Justice et des Colonies, et de recourir à votre haute autorité pour obtenir la justice que je réclame en vain depuis plusieurs années.

Tout récemment un sénateur m'écrivait sa conviction « qu'il est nécessaire que les accusations portées contre un haut fonctionnaire *doivent* (le mot est souligné dans la lettre) être examinées scrupuleusement, soit pour le punir, soit pour l'innocenter. »

Je suis persuadé que le Chef du Gouvernement du 11 mai ne permettra pas la continuation de la longue série de manœuvres obstructives auxquelles on a eu recours jsuqu'ici en faveur de M. Baudoin, ni que la cause de la vérité et de la justice soit sacrifiée plus longtemps à des considérations de personnes et à des ambitions privées.

Signé : Charles BELLAN.

Quelques témoignages de personnalités indochinoises seront utiles pour établir que les actes criminels dont il a été question ne sont pas des faits isolés, mais qu'ils constituent, au contraire, la pratique générale et constante de la haute administration, depuis une quinzaine d'années.

Le Procureur général de la Colonie, dans un discours public, le 28 juillet 1922, s'exprimait ainsi :

« Quelle que soit la philosophie que j'aie pu amasser en mon séjour à la colonie, c'est avec regret que je dois constater qu'après 70 ans d'occupation, il y a encore autant de corruption et de concussion. »

Il s'agit de l'Administration française !

Cela se comprend car l'exemple vient de très haut et s'explique :

« Plus la faute est partie de haut, écrit le bâtonnier Henri Robert, plus elle doit être châtiée sévèrement si l'on veut éviter la contagion de l'exemple et le scandale que provoque nécessairement dans le peuple, l'impunité, plus ou moins complète, d'un coupable haut placé. »

****

C'est ce que notait M. René Martin, délégué de l'Annam et du Tonkin au Conseil Supérieur des Colonies dans une lettre ouverte au Gouverneur général de l'indochine (Décembre 1921).

Le Délégué, après avoir fait allusion aux « gaspillages de deniers publics » s'élève contre notre « politique anti-française » et rappelle aux dirigeants de l'Indochine que « les ressources budgétaires sont le bien de tous et non leur apanage exclusif avec faculté d'en disposer à leur guise. »

Il ajoute :

« Dans une feuille locale rédigée par nos protégés, ceux-ci ont pu écrire qu'il y avait parmi les fonctionnaires de rangs élevés des « assassins, concussionnaires, prévaricateurs ». La voix française s'élève à son tour contre le despotisme, l'arbitraire, la forfaiture, se dissimulant sous des actes d'insigne malveillance de certains autres. »

Et le Délégué forme des vœux pour le retour à « une politique basée sur un gouvernement d'intégrité et de justice égale pour tous qui apaisera un mécontentement généralisé et légitime. »

Le journal qui a publié ces accusations n'a pas été poursuivi, par peur de la vérité. M. Baudoin, à qui elles s'appliquent à la lettre, en est un exemple.

_

« Despotisme mis au service de la haine ». Telle est l'étiquette dont un magistrat, M. Bœufs, Président du Tribunal de Nam-Dnih, recouvre le Gouvernement de l'Indochine, dans une lettre rendue publique. (Février 1923).

_

M. Fays, ancien Procureur général, Président du Conseil général de la Cochinchine, en avril 1923, proteste contre le régime d'arbitraire, d'injustice et de pillage des deniers publics, et dénonce « l'atmosphère méphitique dans laquelle suffoque ce pays. »

_

Un avocat de l'Indochine, conseiller général, M. Gallet, écrit à la Ligue des Droits de l'Homme. (Avril 1923) :

« J'ai dénoncé les inconséquences, les abus de pouvoir, les dilapidations, le pillage de la caisse publique. J'ai osé parler de bluffs... celui de l'Enseignement ! — de scandales... celui des fonds secrets ! — d'infamies... le problème des sans-travail et des contractuels ! »

M. Gallet a aussi révélé des faits de corruption vis-à-vis de certaine presse, dans le but de tromper l'opinion publique.

_

Le docteur Pannetier a habité une vingtaine d'années l'Indochine. Il a vécu constamment en contact avec les indigènes dont il possède à fond la langue. Dans un ouvrage qu'il a publié (1), il écrit que « sous une appa-

------

(1) Au cœur du pays Khmer. Payot, Editeur, Paris, 1921.

rence d'ordre règne l'antique anarchie et, sous notre couvert s'est perpétué, s'est modernisé à la fois, le régime des plus odieux abus. »

Et il constate en ces termes le sentiment de nos protégés :

« L'expérience a surabondamment prouvé à l'indigène que nos programmes, périodiquement proclamés par la voix de nos représentants, ont été trop souvent simples jeux d'éloquence, ou procédés politiques à l'usage du bon public de France. Et le contraste lui est apparu encore plus pénible entre l'idéal prestigieusement présenté et la sévère, l'inexorable réalité ! Fermé aux effets oratoires, réfractaire à la griserie verbale, l'Asiatique, jadis surpris par nos discours, sait depuis longtemps à quoi s'en tenir sur leur portée pratique, et, dans le fond de son cœur, il traduit par duperie et mensonge toutes nos inconséquences. »

*
* *

Pierre Bertrand, rédacteur en chef du Quotidien, et particulièrement instruit des choses d'Indochine, ayant longtemps séjourné dans la colonie, s'est élevé, à maintes reprises, en de courageuses campagnes, contre l'impunité garantie aux actes criminels commis par de hauts fonctionnaires indochinois. Expliquant la cause d'événements récents, sous le titre : « Les Colonies aussi ont droit à la justice juste » (Le Quotidien, 25 septembre 1924), il conclut, après avoir fait allusion aux scandales d'Indochine : « Par delà les mers tout notre appareil de justice n'est qu'un décor. »

*
* *

Enfin, « les Cahiers de la Ligue des Droits de l'Homme », du 25 septembre 1924, publient une consultation donnée, sur l'Indochine, par M. Paul Monin, avocat en Indochine, et conseiller général à Saïgon.

« Le peuple, indifférent et passif de nature, écrit Paul Monin, commence à sortir à son tour de l'indifférence et de la passivité... surtout parce que les intérêts de la France ont été constamment trahis par son administration coloniale. »

Il exprime l'espoir de la réalisation de « quelques changements dans le sens de l'honnêteté parmi le personnel administratif et dans le sens de la justice parmi les méthodes employées » ; et conclut : « De grands espoirs avaient été fondés là-bas sur la victoire républicaine du 11 mai 1924. »

Puissent ces cris d'alarme de patriotes émouvoir enfin le Gouvernement jusqu'à présent aveugle et sourd, systématiquement, et le peuple français qui a payé de son or, et de son sang le plus pur l'établissement des colonies. L'intérêt national est en jeu. L'œuvre coloniale de la France est en péril, par défaut d'honnêteté, de loyauté et de justice. L'on ne la sauvera qu'en rompant nettement avec les anciens errements ; qu'en organisant, vraiment « la conquête des cœurs », comme le voulait l'illustre explorateur Pavie ; qu'en s'engageant résolument dans la voie du Droit, de la Vérité et de la Justice.

La pression gouvernementale, pour l'obtention d'un non-lieu dans l'affaire Campbell, vient de causer la chute du Ministère Mac-Donald.

Sir Robert Horne, ancien Chancelier de l'Echiquier, demandait à ce sujet, une enquête parlementaire basée sur « la nécessité de maintenir aussi complète que possible la séparation entre le pouvoir exécutif et le pouvoir judiciaire... et le trouble qui s'emparerait de la conscience du pays si l'on pouvait dire que l'administration de la Justice est entravée par des influences politiques. « (*Le Journal,* 9 octobre 1924).

Il ajoutait : « Si l'application de la loi doit être assujettie à toutes sortes de considérations politiques, le bon renom de la justice britannique, solidement établi depuis des siècles, disparaîtra à tout jamais. » (*L'Œuvre,* 9 octobre 1924).

Je suis certain que le Parlement de mon pays ne se montrera pas moins soucieux, dans l'affaire Baudoin, du bon renom de la justice française que l'a été la Chambre des Communes pour celui de la justice britannique.
